First 100 French Words

Berlitz Kids™
Berlitz Publishing Company, Inc.

Princeton   Mexico City   Dublin
        Eschborn   Singapore

all
toutes

All the frogs are green.

Toutes les grenouilles sont vertes.

and
et

I have two sisters and two brothers.

J'ai deux soeurs et deux frères.

to ask
demander

It is time to ask, "Where are my sheep?"

Il est temps de demander: "Où sont mes moutons?"

aunt
la tante

My aunt is my mom's sister.

Ma tante est la soeur de ma maman.

B

black
noir

Zebras have
black stripes.

**Les zèbres ont
des rayures
noires.**

blue
bleu

The sky is blue.

**Le ciel est
bleu.**

boy
le garçon

The boys are
brothers.

**Les garçons
sont frères.**

brother
le frère

He is my brother.

C'est mon frère.

cake
le gâteau

She likes to
eat cake.

**Elle aime manger
du gâteau.**

carrot
la carotte

A carrot is orange.

**Une carotte
est orange.**

cat
le chat

The cat sees
the mouse.

**Le chat voit
la souris.**

chair
la chaise

He is sitting on
a chair.

**Il est assis sur
une chaise.**

dad
le papa

My dad and I
look alike.

**Mon papa et
moi, nous nous
ressemblons.**

doctor
le docteur

The doctor checks
the baby.

**Le docteur
examine le bébé.**

dog
le chien

The dog has a
funny hat.

**Le chien a un
drôle de chapeau.**

door
la porte

What is behind
the door?

**Qu'y a-t-il derrièr
la porte?**

to eat
manger

The bird likes
to eat worms.

L'oiseau aime manger des vers de terre.

eight
huit

He put eight celery
sticks in the salad.

Il a mis huit côtes de céléri dans la salade.

everyone
tout le monde

Everyone here has
spots!

Tout le monde ici a des taches!

everything
tout

Everything is purple.

Tout est violet.

family
la famille

This is a big family.

C'est une famille nombreuse.

five
cinq

The rabbit ate five carrots.

Le lapin a mangé cinq carrottes.

four
quatre

I gave four pears to my grandma.

J'ai donné quatre poires à ma grand-mère.

Friday
le vendred

On Friday, we go to the park.

Le vendredi, nous allons au parc.

girl
la fille

The girl is dancing.
La fille danse.

grandfather
le grand-père

I have fun with my grandfather.

Je m'amuse avec mon grand-père.

grandmother
la grand-mère

My grandmother likes to bake.

Ma grand-mère aime faire de la pâtisserie.

green
vert

Grass is green.
L'herbe est verte.

happy
heureux

This is a happy face.

C'est un visage heureux.

hello
bonjour

Hello. How are you?

**Bonjour.
Comment vas-tu?**

hot
chaud

Fire is hot.

Le feu est chaud.

house
la maison

The house has many windows.

La maison a beaucoup de fenêtres.

ice
la glace
We skate on ice.

Nous patinons sur la glace.

ice cream
la crème glacée
Clara likes ice cream.

Claire aime la crème glacée.

inside
à l'intérieur
He is inside the house.

Il est à l'intérieur de la maison.

into
dans
Do not go into that cave!

Ne rentre pas dans cette grotte!

jam
la confiture

Do you think she
likes bread and jam?

**Penses-tu qu'elle
aime le pain et la
confiture?**

job
le travail

It is a big job.

**C'est un gros
travail.**

juice
le jus

She is pouring a
glass of orange juice.

**Elle verse un
verre de jus
d'orange.**

to jump
sauter

The animal loves
to jump.

**L'animal aime
sauter.**

key
la clef

Which key opens
the lock?

**Quelle clef ouvre
la serrure?**

kind
gentille,
gentil

She is kind to animals.

**Elle est gentille avec
les animaux.**

kiss
le baiser

Would you like to give
the monkey a kiss?

**Voulez-vous
donner un baiser
au singe?**

kitten
le chaton

A kitten is a baby cat.

**Un chaton est
un bébé chat.**

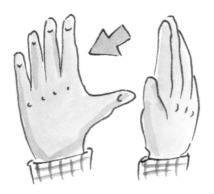

left
gauche

This is your left hand.

C'est ta main gauche.

library
la bibliothèqu

The library is full of books.

La bibliothèque es pleine de livres.

to like
aimer

He is going to like the cake.

Il va aimer le gâteau.

love
l'amour

Love is wonderful.

L'amour est merveilleux.

me
moi
Look at me!
Regarde-moi!

milk
le lait
He likes milk.
Il aime le lait.

mom
la maman
She is the baby's mom.
C'est la maman du bébé.

Monday
le lundi
On Monday,
we take baths.
Chaque lundi, nous prenons un bain.

name
le nom

His name
begins with "R".

**Son nom commence
par un "R".**

night
la nuit

It is dark at night.

Il fait noir la nuit.

nine
neuf

The pig ate nine ice
cream cones!

**Le cochon a mangé
neuf cornets de
crème glacée.**

no
non

No, you may not go.

**Non, tu ne peux
pas partir.**

ocean
l'océan

This turtle swims in the ocean.

Cette tortue nage dans l'océan.

o'clock
heure

It is one o'clock.

Il est une heure.

one
un

I need one pineapple for this cake.

J'ai besoin d'un ananas pour ce gâteau.

orange
orange

Leaves turn orange in the fall.

Les feuilles sont oranges en automne.

paper
le papier
Write on the paper!
Ecris sur le papier!

pen
le stylo
The pen is leaking.
Le stylo fuit.

pencil
le crayon
A pencil is for drawing.
Un crayon sert à dessiner.

purple
violet
I like purple grapes.
J'aime les raisins violets.

red
rouge
A strawberry is red.
Une fraise est rouge.

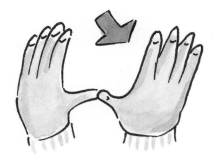

right
droit
This is your right hand.
C'est ta main droite.

rose
la rose
She likes roses.
Elle aime les roses.

to run
courir
You need feet to run!
Il faut des pieds pour courir!

Saturday
le samedi

On Saturday, we work together.

Le samedi, nous travaillons ensemble.

seven
sept

There are seven cherries for seven sundaes.

Il y a sept cerises pour sept coupes glacées.

sister
la soeur

They are sisters.

Elles sont soeurs.

six
six

My Grandpa bought six watermelons.

Mon grand-père a acheté six pastèques.

Sunday
le dimanche

On Sunday, we eat
dinner with Grandma.

**Le dimanche,
nous dînons avec
grand-mère.**

ten
dix

My mother uses ten
peppers for her pizza.

**Ma mère utilise dix
poivrons pour sa
pizza.**

three
trois

Do not put three chili
peppers in that sandwich!

**Ne mets pas trois
piments dans ce
sandwich!**

Thursday
le jeudi

On Thursday, we
wash clothes.

**Le jeudi, nous
faisons la lessive.**

Tuesday
le mardi

On Tuesday, we wash floors.

Le mardi, nous lavons les sols.

two
deux

She gave the teacher two apples.

Elle a donné deux pommes à l'institutrice.

umbrella
le parapluie

She has a yellow umbrella.

Elle a un parapluie jaune.

uncle
l'oncle

My uncle is my dad's brother.

Mon oncle est le frère de mon pap

to walk
marcher

It is good to walk.

**Cela fait du
bien de marcher.**

we
nous

See us? We are all purple.

**Nous voyez-vous?
Nous sommes
complètement
violets.**

Wednesday
le mercredi

On Wednesday, we
go to work.

**Le mercredi, nous
allons au travail.**

white
blanc

Clouds are white.

**Les nuages
sont blancs.**

yes
oui

Is he yellow?
Yes! He is.

Est-ce qu'il est jaune? Oui, il est jaune!

yellow
jaune

A banana is yellow.

Une banane est jaune.

you
tu

You are reading this book.

Tu lis ce livre.

your
tes

What color are your eyes?

De quelle couleur sont tes yeux?

24

zebra
le zèbre

You cannot have a pet zebra!

Tu ne peux pas avoir un zèbre comme animal domestique!

zigzag
le zigzag

The house has zigzags on it.

Il y a des zigzags sur la maison.

zipper
la fermeture éclair

The zipper is stuck.

La fermeture éclair est coincée.

zoo
le zoo

I can see many animals at the zoo.

Je peux voir beaucoup d'animaux au zoo.

On the next few pages, write and draw your favorite French words.